樱桃树の诗

樱桃树 ◎ 著

Copyright © 2022 Jing Zhou（樱桃树）

ISBN: 978-1-957144-35-1

All right reserved. 版权所有

No part of this publication may be reproduced distributed, or transmitted in any form or by means, including photocopying, recording, or other electronic or mechanical methods, without the prior written permission of the publisher, except in the case of brief quotations embodied in critical reviews and certain other noncommercial uses permitted by copyright law. For permission requests, write to the author, addressed "Attention: Permissions Coordinator" at anne18528274312@qq.com

本书由美国 Asian Culture Press 出版

Published by Asian Culture Press

444 Alaska Avenue, Suite #AZF046,
Torrance, CA 90503, United States

Web: www.isbnagent.com

Typesetting services by Asian Culture Press

Printed in the United States of America

First hardback edition May 2022

本书 2022 年 5 月在美国第一次印刷

序言

19岁，开始了我的写诗之路

在我看来，诗是有趣的，灵感乍现的时候，如同神来见过我的灵魂，只是停留了片刻，似灵与肉的碰撞，水与火的交融，又仿佛在捕捉大脑飞出的蝴蝶，一旦捕住，文字另一种美的升华便已开始……陆陆续续地，我捕捉到了许多蝴蝶，有些没能抓住，只能粗暴地扯下一小片羽鳞，所以它们没能被呈现出来。大家能在此读到的，是我目前为止所有的运气。这些捕捉到的灵感，有爱情、自然、孩子、少女、友情、我的幻想和妙想——唯独没有谎言。

写诗无法成为我的职业，我想做的只是分享，不是以诗人的身份，而是以捕手的身份，而这本小集子，也因此更像是养着各种蝴蝶的温室。

这份幸运与美好，如果能让你感受到发自内在的愉悦，将使我感受到更多的欢愉。

奇幻漂流记

粉色泡腾片掉进可乐
跳跳糖全部倒进嘴里
爬山虎侵袭了整面墙
火车脱轨跌入蝴蝶谷

阳光的新娘

天暗了
失落地躲在角落
苦涩的云
被夜尝尽
风打着饱嗝儿
缓缓合眼
阳光穿透眼皮
活泼地挑逗你的眼
沁甜的风衔起你的发丝
阳光踮起脚尖
在风里转
抖落出金金亮亮
轻轻地盖上了盖头
阳光的新娘
早霞润上新娘的脸蛋
跳上云的花轿
通往爱的殿堂

梦站

你入了我的梦站

三又二分之一的定点

迎上风轨

撞个满怀

我的发丝跑进你的衣领

你的影子漫上我的褶裙

我要你的耳

听着我的心

生息在大海与海鸥交织的梦幻曲

我要你的眼

落入我的园

悄然拨动每一片花叶

我要你的手腹

轻滑过我的鼻尖

失迷我梦里的站点

—— 灵感源自《哈利波特与魔法石》

如果

如果乌龟会飞
地铁窗外是星空
我躺在云朵弹吉他
火山喷出的是爆米花
我会骑着海豚去找你
如果兔子可以游泳
荔枝树开的是桃花
泰坦尼克号的沉船可以开出宇宙
香妃是蝴蝶谷的花仙子
我定随着流星的尾巴来寻你
如果笔可以说话
玫瑰没了根也开得出白山茶
苹果里的小虫子立志到山对面的青菜
癌症的人将自己埋进土里
我会踏着诗意来娶你
如果星星可以种在地上
树叶可以乘着风幻化成哈利波特的飞毯
我定会把你送上梵高的星月里
如果金鱼拥有百年记忆
猫咪爱吃朱古力
穿着糖果纸的锡兵跳起了芭蕾
六月白雪洒满大地
我会每天踩着鹊桥去看你

与诸位可爱的小家伙们合写于此

情债

鸟啄落的羽毛
挂在叶间的冷冽
突飞的麻雀
颤动着树的茎梗
我默默，默默地倾着
倦倦，黔黔地颓着
和树对着账簿的情债
年轮诉上我的恶作
封上你枯陋的皱皮吧！
我要锤落门钉的锈斑
破了这没你的残缺
绞断风的命月
紧住你的衣袂
还了这层积的债页

最后的审判

尸斑
把我一生的悲夜
凝成血泪
染上你的僵肢
死亡的颂语套上我的脚踝
审判的回声绝耳
我已走上彼岸花盛开的路
停住你远离的脚步
我要套上你的棺材
拖入我的坟墓
爬上你的裸身
在萤火虫交配的地方
麦垛燃烧的时刻
与你长眠

秋日少女

喜鹊吹哨
蜗牛缓蠕
一瓣洁白落在草尖
轻捧于手
波转至湖心
窝垂耳边
你要飘到她梳妆的长发上
她一定会知道
是我的眼波划进了她的花廊
花香弥漫了她的门窗
谱写落日的音符
为她弹奏秋天的第一乐章

我的小屋

我有一个小屋
种了满园的玫瑰
和你一起
徘徊于清晨的朦胧
饱啜玫瑰的蜜酿
和你一起
散在牵牛花漫漫的小路
如歌的行板摇摇曳曳
和你一起
荡漾秋千
奏出黄昏的恋章
霞妆染了你沉闭的脸庞
暮色裹上睡意的熏香
和你一起
形骸之外的静谧
还有我的小屋果藏

开枪吧

你开枪吧!
我已被判死刑
开枪毙我吧!
让我躺进自己的腥血
赤条地闯入彼岸花绽开的路
踩踏阴间的灵花
撕毁阎王的死簿
搅浑这混沌浊腐的阴间
浇上我羞耻的尿液
丑陋暴怒的愚虫
愤恨地指责我
十恶不赦的鬼魂呐!
上帝该如何装恙作祟
被鞭打相恋于人间凡夫的仙女
奋起我灭亡生灵的怒火
提上掀翻海面的胯刀
踹倒上帝的宝座
活剥怪龙
生绞麒麟
长垂我的恶名

加释:少女也有中二病

圣经的诅咒

断头的五步蛇
冲出牢笼的枷锁
缠毁图腾蜡像
焦灼你乌鸦般的癞皮
意志的瓶子
装满你臭恶的口沫
撕下一页雅颂
擦不去你烧杀强虐的痕迹
过路的野鸭白眼欢嘎
枯了你踢踏的野草
凋了你缠拽的枝丫
斜眼歪鼻的卡西莫多
作恶梦里

渔光曲

山棱云影
风咬雨残的疾道
峰口的熊山
绿林簌簌作响
霉了树皮的红菇
串了蛛线的雨珠
光的指头拨开獠牙交响的恶梦
洗一片魅影
渔光曲撒下的悠扬
平添了这秋丘
昧慕了斜葵
雀鸟轻跃于蓝蝶红蕊
蜂拖着肥厚的尾沾蜜啜嘴
晴儿天，柔情了整个身子的暖
我懒懒地椅窗意美
一股甜惬投映月桂

—— 灵感源自朗朗所奏的 No.17 渔光曲改编 1

萤火虫的风信

盐湖
划出的小船
裹挟着虞美人
坠满星夜的绒毛
你可知我的风信
带着鹬衔啄的贝壳
红瓦上的枯网纹叶
垂落了我沮丧的眼帘
你可知桥尖的青椒辣得赤红
皱皮的紫茄腐了竹竿
墙旁的疯草落了单车的锈斑
敲破满瓶的萤火
他带着萤火之光来了

——写于疫情爆发期间

笑

我们一起笑吧
像婴儿一样笑吧
傻乐傻乐
因为婴儿笑了
所以世界才那么牛奶

悲欢

我悲欢着这人间的得失

莱茵河

我们
去嗅一嗅花香
拨弄每一棵草叶
骑在小镇上
单车踏脚互相追赶
白鹡鸰落在你胎记的肩
轻轻一耸
扑扇在你碧澈般的眼眸
莱茵河上的海鸥
飞过你的皮夹克扣
你的卷发
清脆梭滑过我的脸蛋
缀了我满脸的光

花罐

星花木兰的一片
滚上一条鹅卵石铺的小道
教室窗口的一叶纸
被风折成飞机
掌中的相机拍下她的布娃娃
街头俏妞郁金香
蜜糖与番红花
你的蜜汁装点了我的花罐
在地球种子上开花

当我想起你时

当我想起你时
你像艳阳下一只愉悦的麻雀
跳跃在稻草人的竹编草帽
当我想起你时
蜻蜓轻立在荷塘草腰
某片枫叶落在我涂鸦的插画本
窗外的雨打着珠鼓
路灯下的你撑着一把伞
飘满整个大海的玉兰
我们的小白船静静地划着
采集一篮子的三色堇
偶尔看到一丛蒲公英
把它的种子伞吹向你的脸蛋
这样,你是否就想起我来了

——灵感源自"孤单又灿烂的神——鬼怪"

甜小孩

影子在斑马线下交乱打架
嘻嘻哈哈地站在对面的灯脚下
恰等阳光落在我容花灿烂的脸
把你的心悄悄用火柴划燃起小火焰
待它滴在我细嫩的手掌心
忽然抓住～
嘟嘴朝你吐泡泡
贴你耳朵
扬起轻柔似番茄云的调子
说：我真的好喜欢你呀～

足球场

绿油出水的六号足球场
你的白色球鞋翻滚着一圆
我静静地观望着你
转身,侧踢,绕脚,嘣的一声
可把我那一身衣服给吓坏了
小迷妹般尖叫炸响了整片
像捕网般抓住了清晨的第一条落鱼
气球填满云裙的衣兜
墨绿色瀑布里鼓动手掌
激起了帽子的腾空
笑得脸长出了罂粟
藏起你刚刚嘬上几口的可乐瓶儿
你知道的
我是个捣蛋鬼

—— 写于桂林阳朔

松鼠的窗子

我渐渐地开始想念你
想念你刚起床时的朦胧,头发杂乱
眼里荡漾着海水轻轻掀上沙岸的春色
亲吻
低语
窗口的蕾丝帘被风调情得浪荡
我可要伴着你的脸,轻轻地把它蹭红
你的手
和松鼠点逗玩乐的手
着实比创造亚当碰触的火花更飞溅
如那片万花园
触须交错的蝈蝈
偶尔飞进我的睡房
我笑着穿梭在你的小枝陌路
浸泡在你臂弯里酿一个甜酒梦

行尸走肉

我困了，累了
一天天，疲惫的换乱之中
回忆一些阴郁的灰暗
喘进水里，喘死过去
不要了这世间还有什么我
如行尸走肉
了却孤寥
无声息
浪荡嘶哑
躁郁
过了这悲欢稀乱的烦扰
把我吹灭吧，吹灭

春天女孩

春来了
临春天的舞会
红帘拉开 灯光聚焦
一双纤细灵俏的妙腿
随脚尖颤动着裙摆
轻跃在天鹅湖之梦
我正坐第一排观看着
她一个春天女孩
怎样拾掇春天的花音鸟
怎样孕来秋天的果香

——致我可爱的芭蕾女孩 " 姿儿 "

某一天

某一天
我的皮肤忘记亲吻你的头发
请敲上我的门铃
搂上刚刚新鲜摘满一篮的玫瑰
当我的心
又再一次绽开如那一篮玫瑰
绽开在星月熠熠的浓郁盛夏
枝叶嬉闹地打着声响
薄雾牵着泥土伴着窗床发亮
听你的脸庞抚过我的花香
听你的灵魂跑进我的厨房

月亮湾

月亮湾荡漾
润了你眼波的余韵
饱了桂树香
此外的鹅黄你尽占
再次摇荡你的波心
怀着你步寥的身影
柔抱你种上的果树
听枝叶嵌进土根
闻虫响跳进草房

绒被

或许我应该钻进潮湿且厚重的绒被
裹紧我发冷的脚尖
踏着惆怅的乐响
遮躲起来
躲进雨中的仓库草堆
盖过头的绒被
浑浊又暖的呼出搪上寒日的尖峭
发了昏
睡或不睡也都垂怜我
困顿深藏于土黄的窗帘
刮刮作响的窗口落了一片云
击打着干瘪的灵魂
梦里
我已无故乡

以月亮的姿态进行繁星降落

冷冽的枯树
生出大朵的蘑菇伞花
虫子吱吱地响动于墙头草缝
曳进枯叶蝶的草麦
发了团团的风烟
给湖水渲染了一番百褶裙模样
颤动虞美人的耳朵
你穿跑过的一条扭曲路径
已然成了猫鼬集会的笑响
撇了风的随想曲
藏进查尔斯的磨房
绿皮轮子滚动着你星际游弋的步碾儿
鲸翻水腾
沉黑的裸身肆拽于无声的水波昏晕
爬满你发丝的泡泡
咕噜咕噜从水面迭起

白樱树

爬上白樱树
繁星投映湖水
树梢拨弄着脚丫
与鹿并行于苍苍草原
在牛羊嚼烂的青草根部做祷
割开枯树的外衣
剥落花瓣
饮草尖的露珠
与繁星作友
樱树作伴

—— 灵感源自《绿山墙的安妮》

北国的风

萧条与孤寒做了友人
疲惫困顿树枝
黑雀跃起
轻滑过干枝残尖
昏黄的芦苇煽动着冰河的裂缝
等静一段风华岁月
踱步皇家园林的红砖白桥
静赏它曾经的冠发黯然
彳亍于胡同小道
听着京腔话在巷子里郎朗传来
积雪渐融
棉衣仍厚

—— 写于北京圆明园

鼓楼

干瘪的树叶穿过月光
落满了床被
它飘散着惶恐还是沉默
躺在灯云四射人喧璀璨之城
挤干的灵魂被充斥于渺茫的灯火
我是否该把烽火燃起
从脚尖燃至头顶
游走于山海之外
散息在野花斑斓的墓地

——写于西安

我想如此刻一般

我好想化成蝴蝶
飞出紧紧压抑的窗
轻轻地飞
有着蓝色印章般的月光
尾缀一些悲伤
触角伸向云底那束光
光悄然拖长了时间的尘埃
我时而害怕风会把我吹向蜘蛛的丝网
时而想抵达火焰明媚的山峦
我知道我会沉入海底化成泡沫一般
抵达泡沫出水那一刻
消失成雾霭
不必寻我
因为我还是那只火焰般的明媚
只是偶尔回略过那些悲伤

—— 写于深圳

裸舞

无声的夜里
无休止的长眠
等死神漫过她的咽喉
展望着回旋的飞鸟
安魂草肆意缠肢
任水声淹没头颅
身体以鲸落的姿态下垂
饲养了海底的沙子
咽喉以腐烂的形式展开
生出磅礴的珊瑚群
她只愿泯灭
不愿升华

海与风生的女儿

你如海一般踏过我最美的青春年华
青春如此刻一般开始泯灭
月色爬上你的窗前
我如同飞鸟般叫醒了你的每个暗夜
掀起十丈海浪
海下的波澜如同你的心脏脉流
喜鹊鸳鸯的欢笑喜乐传给你
霞光伴随着日落
你呼吸的片刻
揉进我眼里的春怀
带来了海与风生的女儿
那无神的西湖
从此多了笑妍

光

落日给麦子织了条毛衣
风托着蒲公英的伞柄
递上了手心
轻吻倒映在你额头的波光
猫咪掏弄着河边的草堆
树叶随水流一同涌入大海

樱桃

我想把樱桃画在你的白裙上

金色降落

风跑起来
花香裹上手腕
花骨朵扬起了风的脚踝
沉静的灰尘倾泻在光影里
一缕恒星般的光子
射穿你的灵魂
而风的平面接上了你刚落地
落点迅速下坠
从峰的坡曲线拐入谷里

情信

我困倦在你的手心
小号秘密地吹了起来
呼出的粉香
卷入透亮的琥珀
心绪纷飞如大雪落舞
纱帘吹开我双腿上的布裙
剁碎的牛奶和玫瑰
我是如此地爱着你
削下心脏的一块切片
把心脏的纹路印在情纸的封口

郁金香

月色抚摸上脚尖
伴着酥叶摩挲
轻挠我腰间的笑痒
玲花般作响的清音
如夜莺的啼响嵌入曙光
似海边轻拍小腿的浪
云轻声哈欠
土壤便生出郁金香
收集湖上的珠光
破碎的布袋
从脚尖跳入郁金香的土壤

后记

本书的结尾并不是结尾,

而是给予读者们从诗上进行灵感的再创造。

致谢

感谢在创作编撰过程中帮助且支持过我的杨钧皓，路子钰等亲朋好友。

感谢亚洲文化出版社的全体工作人员。

感谢父母一直以来的支持，尤其感谢张小红女士对我一直以来的支持与养育。

足球场	/37
松鼠的窗子	/39
行尸走肉	/41
春天女孩	/43
某一天	/45
月亮湾	/47
绒被	/49
以月亮的姿态进行繁星降落	/51
白樱树	/53
北国的风	/55
鼓楼	/57
我想如此刻一般	/59
裸舞	/61
海与风生的女儿	/63
光	/65
樱桃	/67
金色降落	/69
情信	/71
郁金香	/73
后记	/75
致谢	/77

目 录

奇幻漂流记　　　　　　　　　　/ 1
阳光的新娘　　　　　　　　　　/ 3
梦站　　　　　　　　　　　　　/ 5
如果　　　　　　　　　　　　　/ 7
情债　　　　　　　　　　　　　/ 9
最后的审判　　　　　　　　　　/ 11
秋日少女　　　　　　　　　　　/ 13
我的小屋　　　　　　　　　　　/ 15
开枪吧　　　　　　　　　　　　/ 17
圣经的诅咒　　　　　　　　　　/ 19
渔光曲　　　　　　　　　　　　/ 21
萤火虫的风信　　　　　　　　　/ 23
笑　　　　　　　　　　　　　　/ 25
悲欢　　　　　　　　　　　　　/ 27
莱茵河　　　　　　　　　　　　/ 29
花罐　　　　　　　　　　　　　/ 31
当我想起你时　　　　　　　　　/ 33
甜小孩　　　　　　　　　　　　/ 35